Inhalt

Investition in die Zukunft - durch Innovation zu höherer Wettbewerbsfähigkeit

Kernthesen

Beitrag

Fallbeispiele

Weiterführende Literatur

Impressum

Investition in die Zukunft - durch Innovation zu höherer Wettbewerbsfähigkeit

M.Dengl

Kernthesen

- In einer globalisierten Welt spielt die Innovationskraft von Unternehmen eine immer wichtigere Rolle.
- Veränderte Marktanforderungen und Technologieentwicklungen sind für Unternehmen eine ständige Herausforderung.
  Um dieser gerecht zu werden, muss der Fokus bei Innovationen sowohl auf Produkte, als auch auf Prozesse und

Technologien gesetzt werden.
- Um die Wettbewerbsfähigkeit langfristig strategisch zu sichern, ist die Gestaltung effizienter Innovationsprozesse für Unternehmen essentiell. Unterstützen sollen hier neue Ansätze wie Lean-Innovation oder Open Innovation.
- Auch die Politik hat inzwischen reagiert und versucht, die Rahmenbedingungen der Unternehmen für Innovationen zu verbessern.

Beitrag

Innovationen - essentiell für Wettbewerbsfähigkeit

Innovationen sind der Schlüssel zur Sicherung des nachhaltigen Unternehmenserfolgs. Die Innovationsfähigkeit ist einer der wichtigsten betriebswirtschaftlichen Faktoren für Wachstum und Wettbewerbsfähigkeit von Unternehmen. Zusätzlich gilt für gesättigte Märkte, dass nur die Unternehmen langfristig strategisch erfolgreich sind, die es schaffen dauerhaft Innovationen erfolgreich am Markt zu platzieren. Insbesondere in reifen Märkten oder in

Krisenzeiten sind systematische Innovationsprozesse daher ein zentraler Erfolgsfaktor für die Sicherung der Zukunftsfähigkeit der einzelnen Unternehmen und letztlich auch der Wettbewerbsfähigkeit der gesamten Wirtschaft. Allerdings wird es in einer globalisierten Welt immer schwieriger echte Innovationen beziehungsweise eine echte "Einzigartigkeit" am Markt zu erzielen. Die meisten Produkte verlieren ihre "Einzigartigkeit" schon nach kurzer Zeit. Typische Beispiele hierfür liefern die Automobil- und Maschinenbaubranche. Unternehmen und Politik haben inzwischen auf die veränderten Rahmenbedingungen für Innovationen mit einigen neuen Ansätzen reagiert.

Lean Innovation - Innovation mit begrenzten Ressourcen

Um Innovationspotenziale optimal auszuschöpfen, gilt es für die Unternehmen, die verfügbaren internen und externen Ressourcen möglichst effizient einzusetzen. Um konkurrenzfähig zu bleiben, kommt es für die Unternehmen dabei vor allem auf den sogenannten "Nettoinnovationswert" an: dieser berücksichtigt nicht nur den Innovationswert aus Kundensicht, sondern insbesondere auch den Aufwand zur Realisierung der Innovation beim Unternehmen. Den Nettoinnovationswert steigert, wer mehr erfolgreiche Innovationen mit weniger Aufwand je Innovation erzielt.

Lean Management im Innovationsmanagement zielt darauf, bei der Entwicklung von Innovationen potentielle "Verschwendung" und damit unnötigen Aufwand möglichst zu vermeiden. Während das Lean Management in den Produktionsbereichen weit verbreitet ist, ist das Lean Management in der Produktentwicklung noch stark unterrepräsentiert und dies obwohl längst Lean-Innovations-Leitlinien existieren. Eine Befragung unter 143 produzierenden Firmen in Deutschland hat gezeigt, dass nur ein Drittel der Unternehmen damit angefangen hat, die Verschwendung in der Produktentwicklung zu identifizieren und zu beheben. (2)

Vier grundsätzliche Leitlinien kennzeichnen Innovationsprozesse im Sinne von Lean-Innovation:

1. Sämtliche Innovationsaktivitäten müssen strategisch klar positioniert werden, um das Kernziel nicht aus den Augen zu verlieren. Mit Hilfe einer Zielhierarchisierung sollen Zielkonflikte in Projekten frühzeitig erkannt und im Sinne des "Kundenwertes" gelöst werden. Gleichzeitig soll dadurch Verschwendung vermieden wird.
2. Die eingeleiteten Innovationsprojekte sind frühzeitig zu strukturieren, um

Produktentwicklung in die "richtigen Bahnen" zu leiten. In dem Zusammenhang wird ein systematisches Lösungsraum-Management für unerlässlich angesehen, welches ermöglicht, die strategisch bedeutsamen Produktfunktionen vollständig zu erkennen und produktübergreifende Synergieeffekte entlang der Wertschöpfungskette zu erschließen.
3. Die unterschiedlichen Prozesse, die bei einer Innovation angestoßen werden, müssen gut koordiniert und vor allem synchronisiert werden. Die Methode der Wertstromoptimierung kann dabei helfen, "verschwendungsarme" und zügige F & E-Prozesse festzulegen.
4. Das Innovationsmanagement darf selbstverständlich nicht mit der Markteinführung des Produktes enden. Es gilt kontinuierlich Innovationen zu entwickeln. Ein systematisches Release-Engineering sollte zudem dafür sorgen, dass man wettbewerbsfähig bleibt und - mit vielleicht auch nur vergleichsweise kleinen Maßnahmen - den Lebenszyklus-Umsatz eines Produktes maximiert. (2)

"Open Innovation" - planmäßige Öffnung von

Innovationsprozessen

Ein weiterer aussichtsreicher Ansatz speziell für Unternehmen, die sich in wissens- und forschungsintensiven Branchen mit stark wachsendem Wettbewerbsdruck und komplexen, aufwendigen Innovationsprozessen bewegen, ist der "Open Innovation"-Ansatz. Um trotz Ressourcenmangels Wissen über Technologien und Märkte zu generieren und erfolgreich in Innovationen zu übertragen, sind inzwischen viele Unternehmen auf den Austausch mit externen Partnern (wie Kunden oder Forschungseinrichtungen) angewiesen. Eine planmäßige, gezielte Öffnung der Innovationsprozesse und damit eine strategische Einbindung des Unternehmensumfelds werden bei "Open Innovation" als zentrale Erfolgsfaktoren für die Sicherung der Innovationsfähigkeit der Unternehmen angesehen. "Open Innovation" versucht dabei verschiedene, bereits existierende Forschungsrichtungen über Kunden- und/oder Lieferantenintegration, Unternehmensausgliederungen und/oder Kooperationen planmäßig zusammenzuführen. Gefordert ist hier ein systematisches Innovationsmanagement, das interne Kompetenzen bündelt und externe Expertisen einbezieht. Dies ermöglicht Unternehmen über ihre Ressourcengrenzen hinaus zu wachsen.

"Open Innovation" bedeutet nicht, dass Innovationen nur noch in offenen Systemen entwickelt werden. Vielmehr wird hier ein ausgewogenes, durchlässiges Innovationsmanagement als notwendig angesehen. Die Unternehmen entscheiden im Rahmen von "Open Innovation" fallweise, wie sie mit einer tendenziell nach innen oder nach außen gerichteten Strategie die größtmögliche Innovationseffizienz erreichen können. Insbesondere für Mittelständler, die aufgrund ihrer Größe häufig unter Ressourcenbeschränkungen leiden, eröffnen sich dadurch neue, vielversprechende Potenziale. (10)

Ohne Nachwuchs keine Innovationen - auch staatliche Fördermaßnahmen laufen an

Um im globalen Wirtschaftssystem weiterhin eine der führenden Nationen zu bleiben, muss sich die gesamte deutsche Wirtschaft auf die Innovationskraft der einzelnen Unternehmen verlassen können. Diese benötigen dazu ausgezeichnete Ingenieure und gut ausgebildete Wirtschaftswissenschaftler. Lange Zeit wurde der Mangel an Fachkräften zwar diskutiert, letztlich aber ignoriert. Da inzwischen der Innovationsdruck auch

international steigt, wurden nun mehrere Maßnahmen im Bildungsbereich angestoßen: Der Ausbau von Hochschulen mit entsprechenden Studiengängen (wie beispielsweise Innovationsmanagement) wird gefördert, das Lehrangebot soll marktgerecht erweitert werden und richtungsweisende Forschungsprojekte werden in großem Umfang finanziell unterstützt.
Davon profitieren natürlich auch die Unternehmen, denn ohne Innovationen wird sich eine erfolgreiche wirtschaftliche Zukunft nur schwer gestalten lassen. Je innovativer die Mitarbeiter eines Unternehmens denken und handeln, desto eher kann man einen Wettbewerbsvorteil erzielen, was nicht nur für das einzelne Unternehmen von Bedeutung ist, sondern letztlich auch für die Wirtschaft in ihrer Gesamtheit. (9)

Trends

F&E Aktivitäten bei innovativen Techniken steigen

Die Mitgliederbefragung des VDI, an der fünfhundert Ingenieure teilgenommen haben, zeigt einen hohen Innovationsklima-Index. Dieser stieg im dritten

Quartal 2010 von 27 auf 33 Punkte. Das ist das bisher höchste Ergebnis der Mitgliederbefragung. In der Elektroindustrie rechnet jeder zweite Ingenieur mit steigenden Ausgaben für die Forschungs- und Entwicklungsaktivitäten. Die Befragten kamen außerdem zu dem Ergebnis, dass diese Branche bei der Einführung von Marktneuheiten generell sehr aktiv war. Den deutlichsten Anstieg von 26 auf 42 Punkte wurde im Bereich Umwelttechnik sichtbar. "Energie und Umwelt sind die Themen der Stunde. Innovative Techniken sind hier besonders gefragt", sagt VDI-Direktor Dr. Willi Fuchs. (4), (5)

Politik setzt auf Innovation

Auch die deutsche Politik setzt auf Innovation. Die neue "Hightech-Strategie 2020" der Bundesregierung sieht vor, bis zum Jahr 2020 kontinuierlich speziell in folgende fünf Bereiche zu investieren: Klima und Energie, Gesundheit und Ernährung, Mobilität, Sicherheit und Kommunikation. Ziel ist es, in diesen Bereichen weltweit zu den Marktführern zu zählen. Insgesamt zwölf Milliarden Euro will die Regierung zusätzlich für Bildung und Forschung ausgeben. Das Geld aus dem Bundeshaushalt bekommen alle Ministerien, die mit Projekten Innovation fördern. Die Pläne der Politiker sehen die Entwicklung von Elektroautos und den Bau klimafreundlicher Städte

vor. Erneuerbare Energien wie Wind, Wasser und Sonne sollen bis zum Jahr 2020 den Bedarf an Strom zu dreißig Prozent decken.
Die Regierung misst dem Geschäft mit der Hochtechnologie für Deutschland als Exportland eine hohe Bedeutung bei. (3)

Fallbeispiele

Hochschule bildet zum Master in Innovationsmanagement aus

Ohne gut ausgebildetes Personal kann ein Unternehmen keine Innovationen entwickeln. Wie diese entstehen und worauf zu achten ist, bringt die Hochschule Esslingen ihren Studenten mit ihrem neuen Master-Studiengang "Innovationsmanagement" bei. Innerhalb von drei Semestern lernen die Studienanfänger im Institut für Change Management und Innovation, dass eine Produkt- oder Prozessinnovation erst als Innovation gilt, wenn diese betriebswirtschaftlich erfolgreich umgesetzt worden ist. Generell ist bei Innovationen eine ganzheitliche Sichtweise für Unternehmen unabdingbar. Abgesehen von der technischen Realisierung, gehören zusätzlich die innovationsfördernde Rahmenbedingungen, wirtschaftliche Machbarkeit und der Umgang mit Widerständen im Prozess von Neuerungen zu den Lerninhalten. (6)

Daimler-Denkfabrik auf Erfolgskurs

Die vor drei Jahren gegründete Daimler-Denkfabrik "Business Innovation" kann in diesem Jahr zum ersten Mal seit der Gründung sein jährliches Budget in zweistelliger Millionenhöhe selbst erwirtschaften. Das Business-Innovation-Team, das aus fünfzehn erfahrenen Managern besteht, erforscht in welchen Geschäftsfeldern rund um das Auto sich noch zusätzlich Geld verdienen lässt. Seit Oktober 2007 hat die Denkfabrik 58 neue Geschäftsideen für Daimler identifiziert, elf davon wurden zu Pilotprojekten. Außerdem kann jeder Konzernmitarbeiter Ideen entwickeln und einbringen. Bisher kommt das Konzept gut an. Bereits 20 000 Mitarbeiter entwickelten und diskutierten 1 500 neue Vorschläge, 35 Einfälle wurden bisher weiterverfolgt. Die erfolgreichste Geschäftsidee ist das Mietwagenangebot "Car2Go", mit dem der Autokonzern im Jahr 2008 in das Carsharing-Geschäft eingestiegen ist. (8)

Bahnindustrie präsentiert Neuentwicklungen für mehr Wettbewerbsfähigkeit

Dank vieler Neuentwicklungen in der Bahnindustrie sollen Güterzüge zukünftig noch wirtschaftlicher und umweltfreundlicher fahren. Die Bahnindustrie setzt hier auf Innovationen, um im internationalen Wettbewerb und unter veränderten Rahmenbedingungen auch längerfristig bestehen zu können. Besonders der Siemens-Konzern konnte hier mit seinen innovativen Produkten - unter anderem mit der neuen Lokfamilie Vectron und in der Zugsicherungstechnik - überzeugen. Ein weiterer Bereich, wo bei der Bahn auf Innovation gesetzt wird, ist die Bekämpfung des Bahnlärms, insbesondere bei den Güterzügen. Hier sorgen neu entwickelte Drehgestelle für leisere Wagen. Eine zusätzliche Lärmreduktion kann durch den Einsatz von Radsätzen mit Schallabsorbern erreicht werden. (7)

Weiterführende Literatur

(1) Innovation entscheidet den Wettbewerb aus cards 04 vom 01.11.2010 Seite 030

(2) Der Weg zum Ziel Lean Innovation -

Innovationsoffensive trotz begrenzter Ressourcen
aus Der Konstrukteur, Heft 09/2010, S. 6

(3) Deutschland soll Spitzenreiter bei der Innovation werden
aus DIE WELT, 08.10.2010, Nr. 235, S. 2

(4) Bei Energie und Umwelt sind viele innovative Techniken gefragt
aus Absatzwirtschaft Nr. 11 vom 25.10.2010 Seite 028

(5) "Ohne Risiko keine Innovation"
aus Süddeutsche Zeitung, 16.09.2010, Ausgabe München, Bayern, Deutschland, S. 24

(6) Technik plus Markterfolg gleich Innovation
aus Stuttgarter Zeitung, 09.11.2010, S. 45

(7) Mit Innovation zu mehr Wettbewerbsfähigkeit
aus DVZ, Nr. BLOS vom 06.11.2010

(8) Daimler-Denkfabrik trägt sich selbst - Das vor drei Jahren gegründete Segment "Business Innovation" wird sein jährliches Budget in zweistelligen Millionenhöhe 2010 erstmals aus eigener Kraft erwirtschaften.
aus AUTOHAUS Online vom 13.10.2010

(9) Wettbewerbsfaktor Innovation
aus F+H Fördern und Heben, Heft 10/2010, S. 353

(10) Mit Open Innovation zum Erfolg
aus ZFO - Zeitschrift Führung und Organisation

05/2010, S.314

Impressum

Investition in die Zukunft - durch Innovation zu höherer Wettbewerbsfähigkeit

Bibliografische Information der deutschen Nationalbibliothek

Die Deutsche Nationalbibliothek verzeichnet diese Publikation in der deutschen Nationalbibliografie; detaillierte bibliografische Daten sind im Internet über http://dnb.d-nb.de abrufbar.

ISBN: 978-3-7379-1270-9

© 2015 GBI-Genios Deutsche Wirtschaftsdatenbank GmbH, Freischützstraße 96, 81927 München, www.genios.de

Alle Rechte vorbehalten. Dieses Werk ist einschließlich aller seiner Teile – z.B. Texte, Tabellen und Grafiken - urheberrechtlich geschützt. Jede Verwertung außerhalb der Grenzen des Urheberrechtsgesetzes bedarf der vorherigen Zustimmung des Verlags. Dies gilt insbesondere auch für auszugsweise Nachdrucke, fotomechanische

Vervielfältigungen (Fotokopie/Mikroskopie), Übersetzungen, Auswertungen durch Datenbanken oder ähnliche Einrichtungen und die Einspeicherung und Verarbeitung in elektronischen Systemen.